Der Arena LeseStier
Sachgeschichten für Erstleser

Maria Seidemann
geboren 1944, studierte in Potsdam und Berlin.
Sie lebt als freie Autorin in Potsdam, schreibt Drehbücher,
Bücher und Hörspiele für Kinder, Jugendliche und
für Erwachsene.
Sie erhielt u.a. den »Fontanepreis« des Bezirks Potsdam,
den »Alex Wedding Preis« der Akademie der Künste
und den Jugendbuchpreis »Buxtehuder Bulle«.

Don Oliver Matthies
Jahrgang 1968, studierte an der Hochschule der Künste in Berlin.
Ab 1998 freier Illustrator für Bücher und Spiele.
Hobbys und Vorlieben: Fantasy-Spiele, Fußball,
dicke Schmöker lesen (alles von Tolkien bis Elroy),
weiße Schokolade essen und Rotwein trinken.

Maria Seidemann

Das will ich wissen

Pyramiden und Pharaonen

Mit Bildern von
Don-Oliver Matthies

In neuer Rechtschreibung

1. Auflage 2000
© 2000 by Arena Verlag GmbH, Würzburg
Alle Rechte vorbehalten
Einband und Illustrationen: Don Oliver Matthies
Gesamtherstellung: Westermann Druck Zwickau GmbH
ISBN: 3-401-04636-5

Inhalt

Ein ganz neuer Tag

Jeden Nachmittag spielen Rama und Hori
zusammen am Ufer des Nils.
Aus den dicken Stängeln der Papyruspflanze
haben sie sich ein Floß gebaut.
»Wir paddeln zur Insel«, schlägt Rama vor.
Aber Hori schaut nach dem Stand der Sonne.
»Ich muss nach Hause«, sagt er.
Sein Vater hat den ganzen Tag gepflügt.
Bevor es dunkel wird,
will er die Hütte
mit getrocknetem Nilschlamm ausbessern.
Dabei muss Hori helfen.

»Bis morgen, Hori!«

Rama rennt zum Haus seiner Eltern.

Im Hof trifft er den Vater.

Der kommt von der Baustelle

vor dem westlichen Tor.

Dort wächst eine gewaltige Pyramide,

die Grabstätte des Königs.

Ramas Vater arbeitet beim Bau als Aufseher.

Im Badezimmer waschen sich

Rama und der Vater.

Dann sitzt die Familie
auf dem Dach beim Abendessen.
Vom Dach des Nachbarhauses
dringt Musik herüber.
Dort wohnt seit kurzem
ein berühmter Arzt aus Theben.
»Und jetzt wollen wir
über den morgigen Tag sprechen«,
sagt der Vater zu Rama.
Rama weiß nicht, was er meint.
Die Mutter lacht.
»Du hast vergessen,
dass morgen der Unterricht beginnt?«

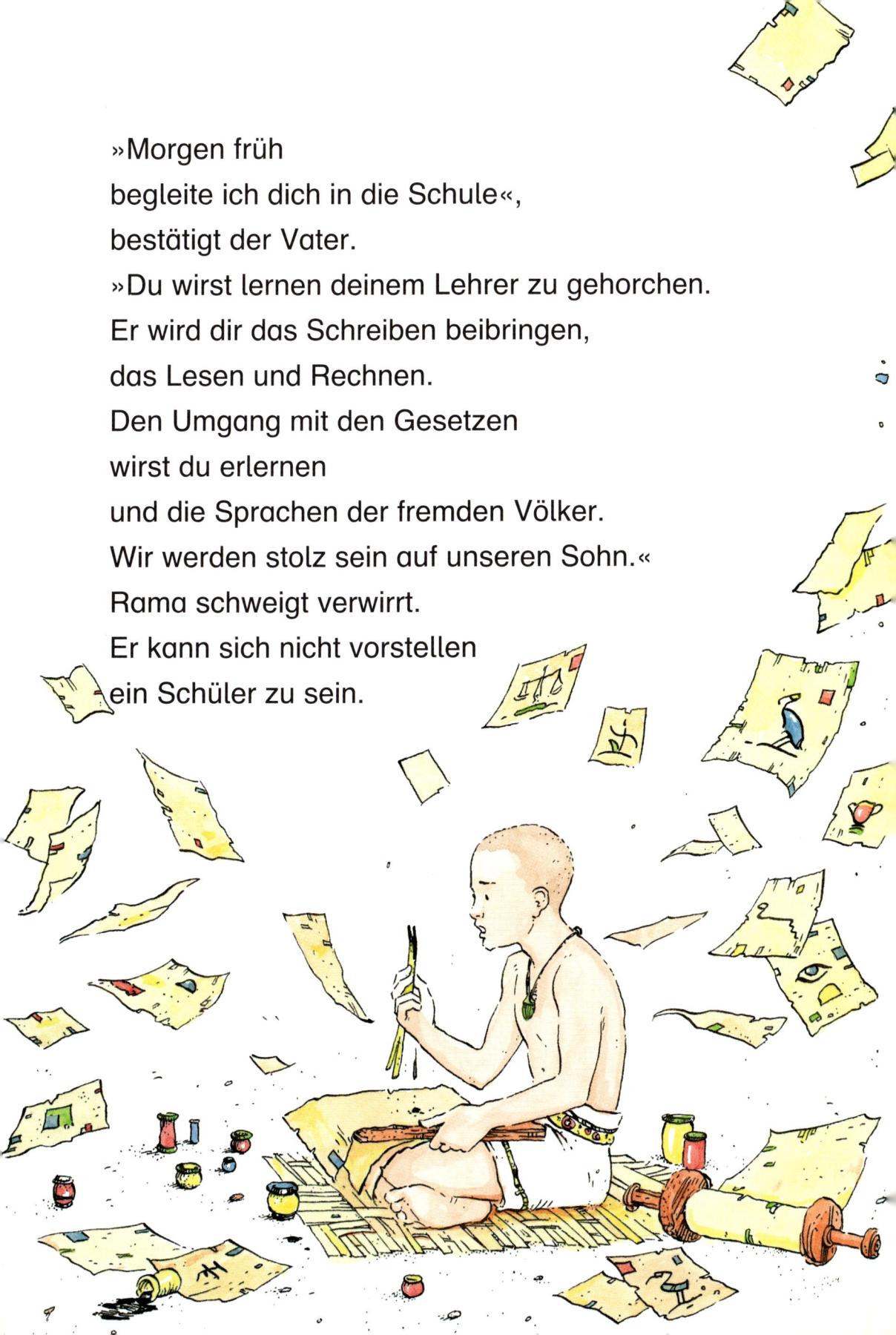

»Morgen früh
begleite ich dich in die Schule«,
bestätigt der Vater.
»Du wirst lernen deinem Lehrer zu gehorchen.
Er wird dir das Schreiben beibringen,
das Lesen und Rechnen.
Den Umgang mit den Gesetzen
wirst du erlernen
und die Sprachen der fremden Völker.
Wir werden stolz sein auf unseren Sohn.«
Rama schweigt verwirrt.
Er kann sich nicht vorstellen
ein Schüler zu sein.

Die Mutter holt ein scharfes Messer.
Sie schneidet Rama den Kinderzopf ab.
»Jetzt bist du ein großer Junge«, sagt sie.
Rama fühlt sich fremd.
»Und Hori?«, fragt er hoffnungsvoll.
»Hori kommt doch mit in die Schule?«
»Nein«, antwortet der Vater.
»Hori wird Bauer wie sein Vater.
Mit den Söhnen wohlhabender Familien
wirst du in der Schule zusammen sein.«
»Aber nachmittags spiele ich mit Hori!«
»Die Schüler wohnen in der Schule«,
sagt der Vater.
»Du wirst Hori nicht mehr treffen.«

Ramas Augen füllen sich mit Tränen.
Hori wird vergeblich auf ihn warten
und allein mit dem Floß zur Insel fahren.
Schnell sinkt die Dunkelheit herab.
Die Mutter breitet Ramas Matte
auf dem Dach aus.

Aber Rama kann nicht einschlafen.
Dumpf dringt der Ruf der Eule
aus dem Feigenbaum.
»Schuhule!«, ruft die Eule. »Schuhule!«
Die ganze Nacht wälzt sich Rama
unruhig auf seiner Matte.
»Kannst du auch nicht schlafen?«,
fragt plötzlich eine Stimme vom Nachbardach.
Rama richtet sich auf. »Wer ist da?«
»Ich heiße Sinuhe,
ich komme morgen in die Schule!
Ich freue mich so,
dass ich kein Auge schließen kann!«
»Du freust dich?«
Rama späht über den Rand des Daches.
Der fremde Junge
ist nur ein Schatten im Mondlicht.

Sphinx

Aufseher

Arbeiter
mit Steinquader

Schmiede für
Werkzeuge

»Ja«, sagt Sinuhe,
»ich werde alles lernen,
was die klügsten Männer wissen!
Und wenn ich erwachsen bin,
werde ich Beamter oder Gelehrter,
Künstler oder Priester!
Oder ich gehe als Gesandter des Königs
in ein fernes Reich!
Wahrscheinlich werde ich aber Arzt
wie mein Vater.
Und du, was willst du werden?«
»Ich weiß es noch nicht«, sagt Rama.
Am anderen Nilufer
erhebt sich zögernd die Sonne.

Pyramide

Baustelle

Schreiber

Baumeister

Leibwache

Pharao

Diener

Bau-Modell

1 Siedlung
2 bewässerte Felder
3 künstlicher Hafen
4 Transport-Weg
5 Tempel am Fluss
6 Schiff mit Steinquader
7 Baustelle
8 bereits fertige Pyramide

Das Land am Nil

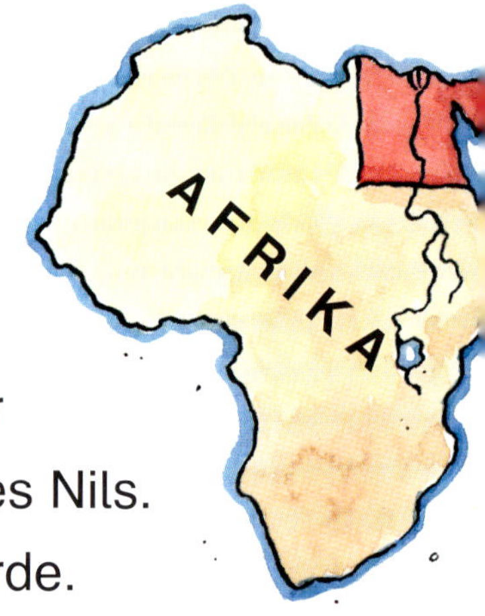

Ägypten ist ein Land in Afrika.
Vor Jahrtausenden bestand es nur
aus einem Tal zu beiden Seiten des Nils.
Der Nil ist der längste Fluss der Erde.
Er bahnt sich sein Bett
durch das felsige Hochland
zwischen zwei gewaltigen Wüsten.
Bewohnt war dieses Tal
schon seit dem Ende der Eiszeit.

AFRIKA

Delta

Pyramiden

Sphinx

Theben

Abu Simbel

Wüste

Ackerland

5

6

Vor 5 000 Jahren gelang es dem König Menes,
die Teile des Landes zusammenzufassen.
Das Ägyptische Reich entstand.
Durch siegreiche Kriegszüge
vergrößerten die ägyptischen Könige
ihr Herrschaftsgebiet.
Gewaltige Städte
und starke Festungen wurden gebaut.
Wissenschaft und Kunst
gelangten zu höchster Blüte.
Ägypten wurde ein Weltreich.

Aber vor ungefähr 2 000 Jahren
wurde das reiche, fruchtbare Ägypten
besiegt und besetzt:
zuerst von den Persern,
später von den Römern.
Seine Sprache, seine Schrift,
seine gesamte Kultur
gerieten für lange Zeit in Vergessenheit.

Geschenk des Flusses

Ägypten ist ein Geschenk des Flusses Nil,
behauptete ein Schriftsteller des Altertums.
Denn jedes Jahr im Sommer
überschwemmte der Nil das Land.
Wenn er sich wieder in sein Bett zurückzog,
hinterließ er fruchtbaren, schwarzen Schlamm.
Auf diesem Nilschlamm
konnten die Bauern Felder anlegen.
Damit der Boden länger feucht blieb,
wurden Kanäle und Schöpfwerke gebaut.

Zur Feldarbeit dienten Hacke und Sichel,

Holzpflug und Rindergespann.

Außer Rindern gab es noch andere Haustiere:

Esel, Ziegen und Schafe,

Hunde und Katzen, Gänse und Enten.

Auf den Feldern wurden

Weizen, Gerste und Flachs angebaut.

In den Gärten wuchsen

Zwiebeln, Bohnen und Linsen,

Feigen und Datteln, Melonen und Trauben.

Zum Fischfang benutzte man Boote
aus den Stängeln der Papyruspflanze,
die an den sumpfigen Ufern wuchs.

Alltag am Nil

Die Häuser der Reichen waren zweistöckig.
In den Zimmern standen
Stühle, Tische und Betten,
sehr ähnlich unseren heutigen Möbeln.
Es gab Badezimmer
und Toiletten mit Wasserspülung.
Öllampen erhellten die Räume.
In warmen Nächten
schlief man auf dem flachen Dach.

Die Kleidung bestand aus gewebtem Leinen.
Schmuck und Kosmetik waren sehr beliebt.
Die Erwachsenen trugen kurze Haare
und bei festlichen Gelegenheiten Perücken.
Die Frisur der Kinder
war ein seitlich gebundener Zopf.
Die Mädchen spielten mit Puppen,
die Jungen übten sich im Ringen
oder Bogenschießen.
Es gab Brettspiele, Bälle und Holztiere.

27

Wohlhabende Eltern ließen ihre Kinder
auf der Harfe oder der Laute unterrichten.
Wer es sich leisten konnte,
schickte seine Söhne in die Tempelschulen.
Töchter wurden zu Hause erzogen.
Die Frauen behandelte man respektvoll.
Sie hatten genauso viele Rechte
wie die Männer.
Das wichtigste Nahrungsmittel war Brot.
Erwachsene tranken Bier,
die Kinder bekamen Milch.
Man aß viel Gemüse, auch Fisch.
Fleisch war sehr teuer
und wurde selten verzehrt.

Die Bauern lebten in Hütten
aus getrocknetem Schlamm,
oft mit ihren Tieren unter demselben Dach.
Statt Möbel gab es nur Schilfmatten.
Die Kinder halfen den Eltern bei der Arbeit.

Der Pharao

Pharao auf Löwenjagd

Die ägyptischen Könige
galten als unsterblich
und wurden wie Götter verehrt.
Der König trug den Titel Pharao,
das heißt Großes Haus.
So wurde auch der Palast genannt,
in dem der König
mit seinen Frauen und Kindern wohnte.
Im Unterschied zu den Sterblichen
durfte er mehrere Frauen heiraten.

Krone

Zepter Der Pharao war oberster Priester,
Oberbefehlshaber der Armee,
oberster Verwaltungsbeamter.
Ihm gehörte das ganze Land.
Alle Bewohner standen in seinem Dienst.
Das Volk konnte den Pharao
nur zu besonderen Gelegenheiten sehen.

Das waren einige wichtige Pharaonen:
Cheops ließ sich die größte Pyramide bauen.
Echnaton und seine Frau Nofretete
ließen sich nicht als Götter verehren
und wollten auf Bildnissen
stets »menschlich« dargestellt werden.
Hatschepsut war die erste Frau
auf dem ägyptischen Thron.
Sie bescherte ihrem Volk
eine lange Friedenszeit.

Nofretete

Echnaton

Götter, Tempel, Priester

Viele verschiedene Götter wurden verehrt.
Jeder Gott hatte einen eigenen Tempel.
Vor den Standbildern der Götter
wurden Brot, Wein und Fleisch geopfert.
Nur die Priester durften den Tempel betreten.
An besonderen Feiertagen
zeigten sie dem Volk die Götterbilder
in prunkvollen Prozessionen.

Besonders prächtig
war der Amun-Tempel
in der Hauptstadt Theben.
Man kann ihn heute noch besichtigen.
Von einem Nebenkanal des Nil
führt eine Straße zu der riesigen Anlage
mit Tempelhallen und Nebengebäuden.
Diese Straße wird gesäumt
von zwei Sphinx-Reihen.
Eine Sphinx ist eine Steinfigur
mit Tierleib und Menschenkopf.

Amun war der Stadtgott von Theben.
Andere wichtige Götter waren
Osiris, der Gott der Unterwelt,
seine Gemahlin Isis
und ihr Sohn Horus mit dem Falkenkopf.
Hator war die Göttin der Liebe,
Sachmet die Kriegsgöttin,
Maat die Göttin der Gerechtigkeit.
Anubis war der Hüter des Totenreiches.

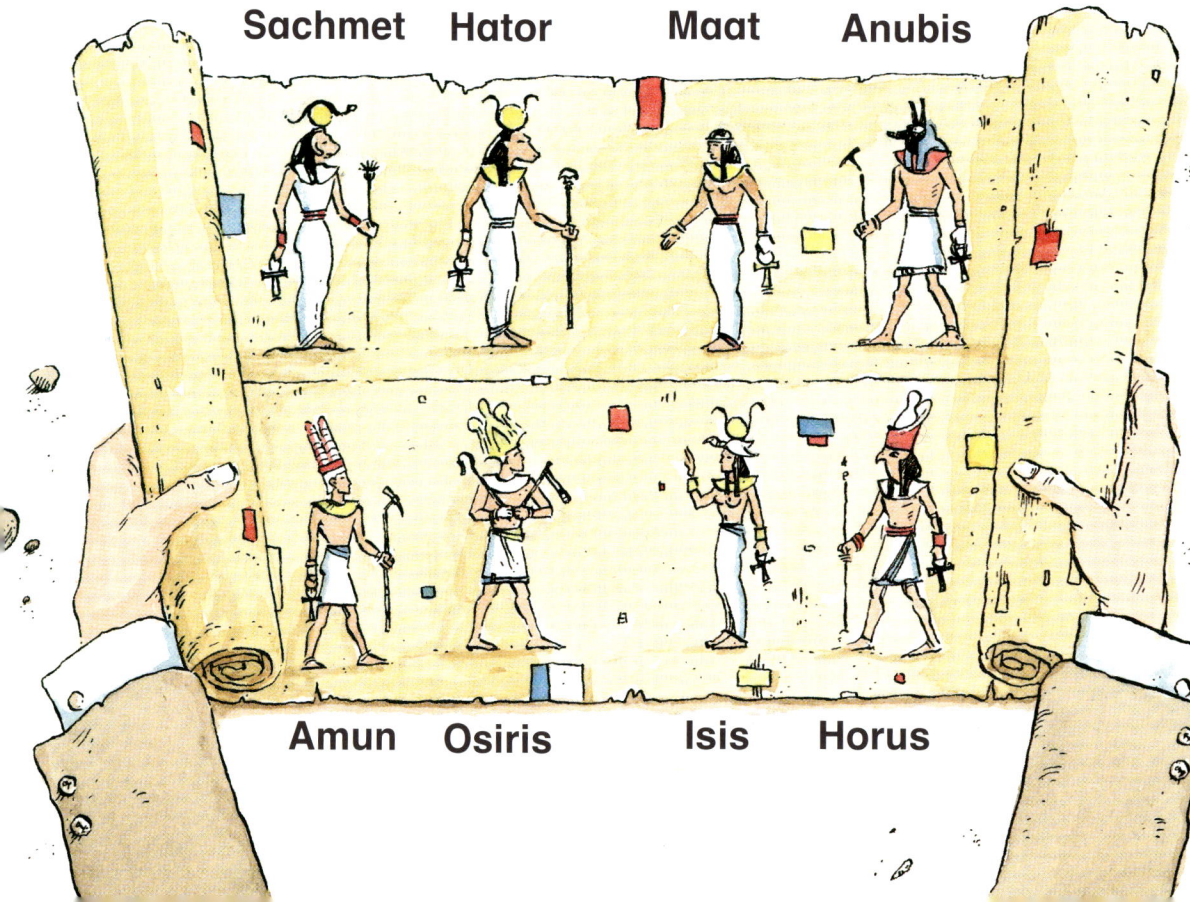

Leben nach dem Tode

Die Ägypter glaubten
an ein Weiterleben nach dem Tode.
Damit der Körper des Toten nicht verweste,
wurde er mit Salben einbalsamiert
und in Natron getrocknet.
Danach umwickelte der Balsamierer
den Körper mit Binden.
Den Kopf begoss er mit Gips
und formte daraus das Gesicht des Toten.
So wurde aus dem Körper eine Mumie.

Zuletzt öffnete man dem Toten den Mund,
damit er wieder sprechen konnte.
Denn um ins ewige Leben zu gelangen,
musste er sich vor dem Totengericht
für seine Taten rechtfertigen.
Wenn er die Prüfung bestand,
ließen ihn die Götter
ins Totenreich ein –
wenn nicht, fraß ihn ein Krokodil.

Ins Grab wurden den Verstorbenen
Schmuck, Kleider und Vorräte
für das Leben im Jenseits mitgegeben.
Am prächtigsten waren natürlich
die Königsgräber ausgestattet.
Die Grabkammern waren
wie Palasträume eingerichtet.
Bilder aus dem höfischen Leben
schmückten die Wände.
Der Sarg war aus kostbarem Material
und mit einem Abbild des Königs bedeckt.
Über den Grabkammern
ließen sich die Könige schon zu Lebzeiten
gewaltige Pyramiden errichten.

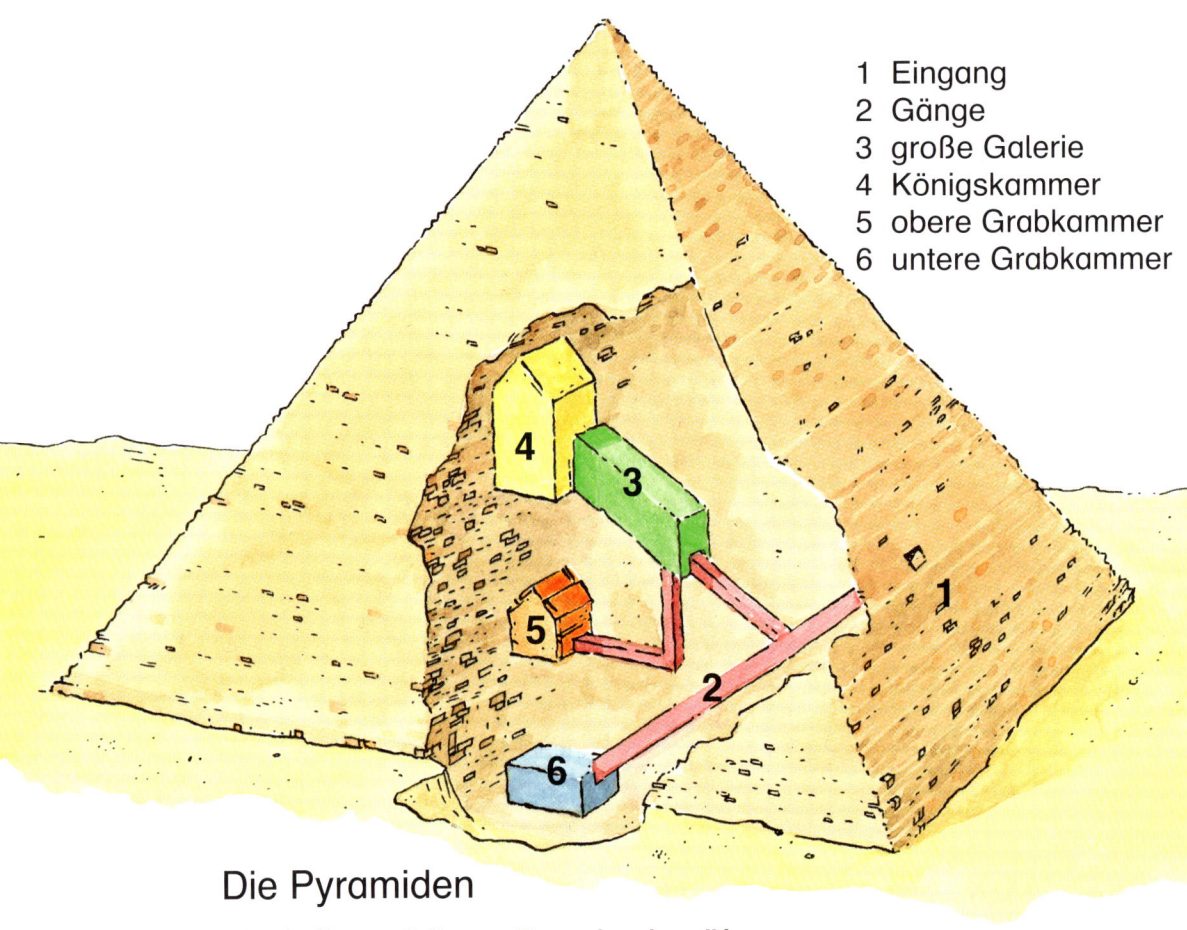

1 Eingang
2 Gänge
3 große Galerie
4 Königskammer
5 obere Grabkammer
6 untere Grabkammer

Die Pyramiden

sind die größten Baudenkmäler

des Alten Ägypten.

Sie verkörperten

die Unsterblichkeit des Königs.

Die höchste war mit 147 Metern

die Cheopspyramide.

Beim Bau der Pyramiden

waren Hunderttausende beschäftigt:

die Bauern (während der Überschwemmung),

oft auch Gefangene

und vor allem viele Handwerker.

Steinhauer schlugen
riesige Blöcke aus den Felsen
und transportierten sie
auf dem Nil zur Baustelle.
Über schräge Rampen wurden die Blöcke
zu ihrem vorbestimmten Platz gebracht.
Die Maße wurden so genau berechnet,
dass nicht einmal eine Messerklinge
zwischen zwei Blöcke passte!

Die Hieroglyphen

Die Ägypter erkannten sehr früh,
dass man sich mit Schriftzeichen
über Zeiträume und Entfernungen hinweg
verständigen kann.
Sie erfanden die Hieroglyphen-Schrift.
Hieroglyphen sind Bildzeichen.
Anfangs bedeutete zum Beispiel
ein gezeichnetes Auge nur ein Auge,
später auch das Wort »sehen«.

K L E O P A T R A

Und schließlich stellten die Bildzeichen
noch einzelne Buchstaben dar.
Diese Schrift war schwer zu erlernen.
Daher war der Beruf des Schreibers
sehr angesehen.

Mit Schilfstängel und Tinte
schrieben die Schreiber
auf einem papierähnlichen Stoff.
Er wurde aus der Papyruspflanze hergestellt.

Die Schrift war die Voraussetzung,
dass Gedichte und Romane entstehen konnten.
Auch Mathematiker, Astronomen und Ärzte
schrieben ihr Wissen für die Nachkommen auf.
So konnte sich die Wissenschaft
immer weiterentwickeln.

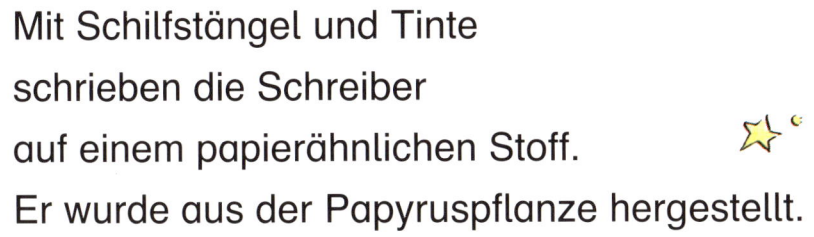

Astronom

Arzt

Mathematiker

Die Schrift erleichterte
auch den Händlern ihre Tätigkeit.
Mit Karawanen oder Schiffen
bereisten sie die Nachbarländer.
Ihnen folgten die Diplomaten,
die politische Beziehungen
zwischen den Pharaonen
und anderen Herrschern knüpften.
Briefe und Verträge gingen hin und her.

Gerichte und Behörden
verfassten Urkunden, Akten und Gesetze.
Wer im Alten Ägypten
einen geachteten Beruf ergreifen wollte,
der musste die Schrift beherrschen.

Gelöste Rätsel

Vor zweihundert Jahren
wusste man noch sehr wenig
über das Alte Ägypten.
Da brachten Forscher von einer Expedition
interessante Dinge mit:
Papyrusrollen, die niemand lesen konnte,
Gerätschaften, deren Nutzen niemand kannte,
Bilder von tierköpfigen Wesen,
deren Bedeutung ein Rätsel blieb.

Und sie brachten einen großen Stein mit,
der bald alle diese Rätsel lösen sollte:
den Drei-Sprachen-Stein.
Man nannte ihn so,
weil er mit Schriftzeichen
in drei Sprachen bedeckt war,
darunter auch Hieroglyphen.

Die Wissenschaftler hielten es für unmöglich,
die Hieroglyphen zu entziffern.
Ein elfjähriger französischer Junge,
der schon mehrere alte Sprachen beherrschte,
wollte die Hieroglyphen enträtseln.
Er war von diesem Plan so besessen,
dass es ihm nach 20 Jahren gelang.

Jetzt konnte man die Papyrusrollen lesen,
in denen die Reichtümer der Pharaonen
beschrieben wurden.
Forscher begannen
im Umkreis der Pyramiden zu graben.
Bald fanden sie die ersten Grabkammern.
Aber sie waren leer.
Grabräuber hatten sie geplündert.

46

Erst im Jahr 1922
wurde das ungeöffnete Grab
des Königs Tutanchamun entdeckt.
Es enthielt außer dem Sarg des Pharao
mehrere reich gefüllte Schatzkammern,
den Königsthron
und zahlreiche Bilder und Schriften.
Daraus konnten die Wissenschaftler
viel über das Leben im Alten Ägypten lernen.
Und wer heute die Schätze
aus den Pharaonengräbern sehen will,
der kann sie im Museum betrachten.

Finde den Weg durch das Labyrinth!

Zwei Wege führen durch das Labyrinth.
Welcher Weg endet in der Grabkammer?